Marina
Szczecinski

DAS LAND
HINTERM WIND

Gedichte

Aquarelle von
Monika Wittmann

Literatur privat

Selbstverlag und alle Rechte
Marina Szczecinski
Jahnstr. 22 58706 MENDEN
Telefon 02373-18944

Herstellung vom Satz bis Einband
LITERATUR PRIVAT
Arthur Göttert
Goethestr. 49 32584 LÖHNE/Westf.
Telefon 05731-82245

Erstauflage Mai 1994

ISBN 3-929793-15-6

Mit dem Sommerwind im Haar -
so werden wir dich immer
in Erinnerung behalten

ÜBERSCHRIFTEN

Himmelspforte, den 29. Juni 1993

Liebe Familie Szczecinski!
Es war ein Fehler in der himmlischen Bürokratie,
ein Defekt im Computer, wir holten Ihre LEA zu früh!
Alles geschah zu unserm Bedauern,
wir fühlen mit Ihnen und trauern.
Wir ziehen zur Rechenschaft den zuständigen Bengel,
wir entschuldigen sehr, 's sind auch halt nur Engel.

Ihr Himmelsteam

PS: Das eine dürfen Sie nicht übersehn,
hier oben ist es gewiß auch ganz schön!

Erde, den 2. Juli1993

An den Chef vom himmlischen Büro!
So geht das nicht, einfach so:
"Wir bedauern" und damit ist die Sache erledigt.
Immerhin haben Sie meine Seele beschädigt.
Ich will Leas Stelle! Wolke sieben oder acht?
Besuchsrecht natürlich, und zwar jede Nacht.
Ich hoffe, Sie finden für diese Wünsche eine Regelung
und sehe sie an als kleine Entschädigung.

Ihre M. Szczecinski

PS: Ihre Anlagen sollten besser gewartet werden,
dann gäb' es bestimmt weniger Leid auf Erden.

ABSCHIED

Weiße Lilien, Rosenherzen.
Sonne strahlend, Himmel blau,
Harfenklang, es brennen Kerzen -
doch mein Blick starrt nur ins Grau.

Gib mir doch ein bißchen Wärme,
daß mein Herz mir nicht erfriert,
daß ich noch die Sonne spüre,
daß mich 's Leben nicht verliert.

AM BAHNSTEIG

Ich stehe am Bahnsteig
des Zuges nach "Ewigkeit";
die endlose Reise -
doch viel weiter das Leid.
- *Kinder zahlen nur die Hälfte* -

Du fährst durch den Tunnel
in Wärme und Licht,
ich spüre nur Kälte,
die 's Herz mir zerbricht.
- *Kinderabschiede brechen doppelt* -

Einst lös' ich die Karte
und komme zu dir;
wann's sein wird? - ich weiß nicht,
kein Fahrplan ist hier.
- *Kinderuhren gehen anders* -

Nur Kraft um zu warten,
daß die Reise beginnt;
dein Fortgang von hier
ist grausam, mein Kind.
- *Kindertode dauern länger* -

M.Wittmann 92

GEDANKEN DEINER BRÜDER

Roman sagt:
"Hatte Leas Schutzengel Urlaub?"

Marek sagt:
"Macht Lea jetzt abends den Mond an?"

LEBEN

Ist das Leben
nur ein Schweben,
bis wir sind
hinterm Wind?

MEINE PUPPENKINDER

Ich hatte einst drei Puppen,
so wunderschön voll Leben,
die kleinste ist zerbrochen .... -
es gibt kein'n Leim zum Kleben.

Die andern beiden sind noch heile,
für sie muß ich nun leben,
sonst würden sie zerbrechen ... -
es gibt kein'n Leim zum Kleben.

IM NÄCHSTEN LEBEN

Im nächsten Leben mache ich's anders,
da will ich eine Rose sein;
wenn ich gebrochen werde,
kann ich mich mit Dornen wehren.

GIB MIR LEBEN

Ich höre keinen Vogelsang,
denn meine Ohren, die sind taub;
ich sehe keine Blumen mehr,
denn meine Augen, die sind blind.
Laßt mich doch wieder
hören, sehen!
Gib mir die Kraft,
mein Kind.

EIN
FREMDER
MENSCH ?

Ein fremder Mensch
und doch so nah,
ein fremder Mensch,
doch mit mir leidend;
welch' Hilfe warst du mir:
und das alleine gilt.

Ich durfte Abschied nehmen,
und du hast es bewirkt,
ein fremder Mensch -
und doch so nah.
Ein fremder Mensch?
Nein - liebe Freundin !

*Für **Silvia Beckmann**, die es möglich machte, daß ich am **30. Juni 1993** mein **Kind** noch einmal sehen und von ihr Abschied nehmen durfte.*

KRIEG

In meinem Körper Krieg.
Wann schweigen wohl die Waffen?
Bis sie mich ganz zerstört
und nur Verwüstung schaffen?

Es herrschen Hunger, Krieg,
Gewalt und Leid und Not,
in unser kleines Paradies
kam scharf und kalt der Tod.

Will ER uns damit zeigen,
es geht uns viel zu gut?
Sieh endlich anderer Leiden
und mach den Schwachen Mut?

M.W.
92

DER ALPTRAUM

Ein Alptraum,
ohne daß es Morgen werden will!
Mein Gott, warum hat die Sonne nicht Kraft,
mich zu wecken?
Jeder geplagte Schläfer wird erlöst... -
warum bleibt mir das Erwachen
versagt?

TRAUER

Die Schwingen der Trauer
sie tragen mich fort
zu jenem Eingang,
mein Weg endet dort.

Du gingest hinein,
ich blieb draußen vor -
wann öffnet sich endlich
für mich dieses Tor?

Ich poche und klopfe,
es öffnet sich nicht;
da plötzlich ein Spalt,
dein liebes Gesicht.

"Ach, Mami, bleib' draußen,
mir geht es hier gut,
wir treffen uns später.
Mach anderen Mut!

Wir sehen uns alle
bestimmt einmal wieder,
denk' jetzt nur an dich,
an Papi, die Brüder!"

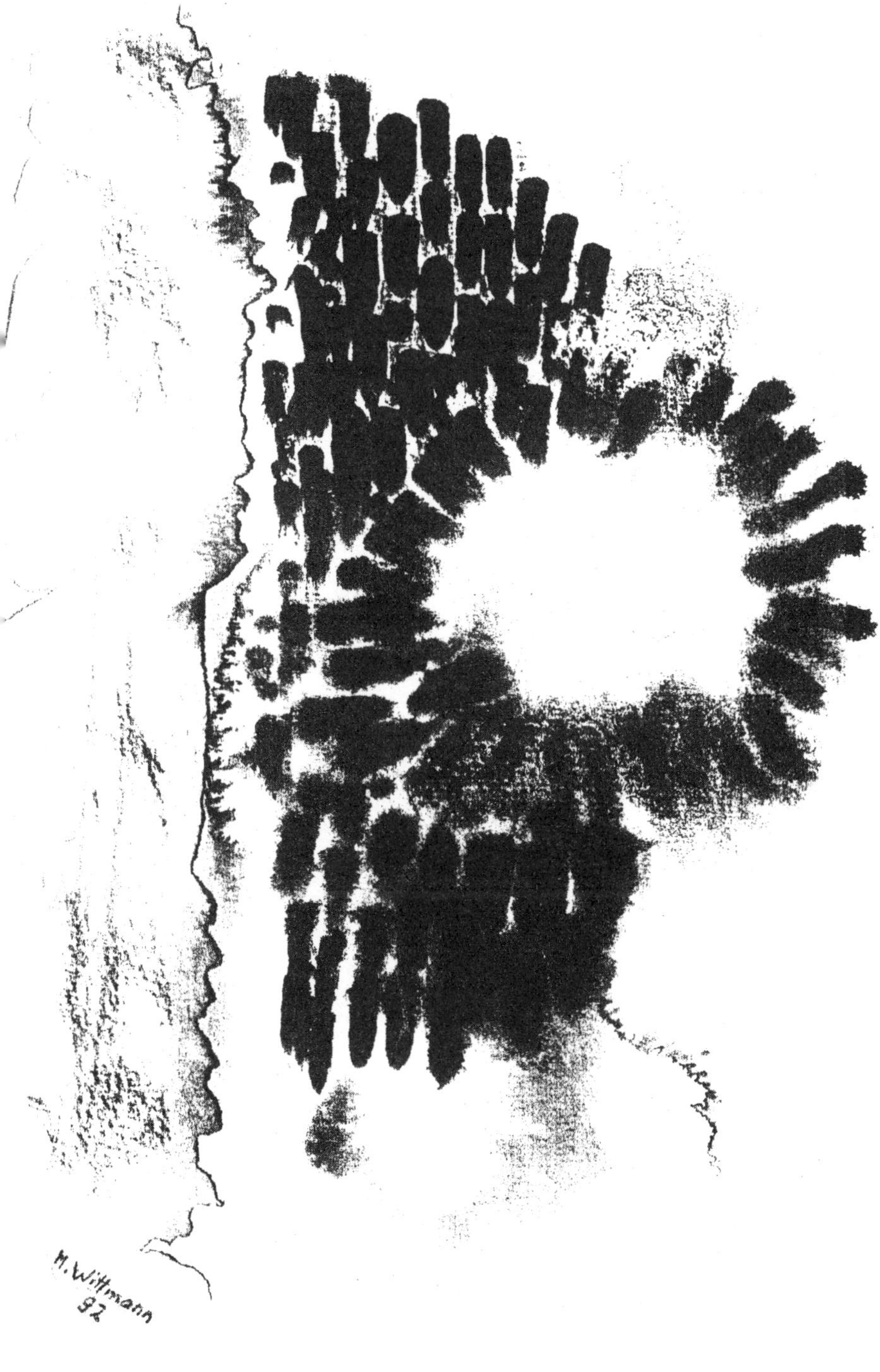
M. Wittmann
92

BRENNENDES
HERZ

Sind Herzen aus Stroh?
Denn es brennt in mir so
wie loderndes Feuer
in trockener Scheuer -
verbrannt Dach und Mauer
zu Asche und Trauer.

DAS REICH DER NACHT

Wenn des Tages Leid vollbracht,
freu ich mich aufs Tuch der Nacht,
das mich einhüllt, nah dir bringt,
weil der Schlaf mich tiefversenkt
in ein Reich,
das keinem gleich.

Ruh', Vergessen find ich dann,
totengleich, wie irgendwann ..... .
Doch der erste Sonnenstrahl,
weckt mich jedesmal brutal
aus dem Reich,
das keinem gleich.

Das Vergessen war nur Schein,
alles wird viel schlimmer sein.
Ach, laß doch den Tag vergehn,
nur noch Nacht will ich erflehn
nach dem Reich,
das keinem gleich.

VERLASSENHEIT

Ich halt' die Stille nicht mehr aus!
Leer, verlassen, kalt das Haus,
wo sind deine vielen Fragen:
"Mami, kannst du mir mal sagen .... ?"

Wo dein Lachen, dein Gemecker:
"Mami, das schmeckt gar nicht lecker!"
"Kann schon selbst zur Toilette!"
"Heut' geh' ich nicht früh zu Bette!"

Warum ist es hier nicht laut?
Wo der Duft von deiner Haut?
Diese Spange für den Zopf,
heißgeliebter blonder Schopf,

ach, ich weine fürchterlich:
ich bin da, doch ohne dich

M.W. '91

EIN MENSCH,
DER TRAUERT

Gelähmt und trotzdem gehend,
blind und trotzdem sehend,
taub und trotzdem hörend -

das ist ein Mensch, der trauert.

ICH BIN

Ich bin eine offene Wunde! -
aber klebt kein Pflaster drauf,
sie braucht Luft zum Heilen.

Ich bin wie in einem Traum -
doch bitte, weckt mich nicht,
laßt mich von selbst aufwachen.

Ich bin ein Baum ohne Blätter -
laßt mir des Winters Ruhe,
bis ich im Frühling wieder blühe.

Ich bin ein Lied ohne Klang -
laßt es verstummen,
bis es alleine erklingt.

Ich bin eine erloschene Wüste -
doch auch die Wüste lebt,
und eines Tags werdet ihr eine Oase finden.

Ich bin ein Schiff ohne Hafen,
doch mit der Hoffnung
auf Entdeckung einer unbekannten Insel.

Ich bin wie eine Blumenzwiebel in kalter Erde;
doch mit Wärme und ein wenig Geduld
wird wieder eine Blume daraus werden.

WO BIST DU ?

Ich spüre deine Küsse noch
so feucht auf meiner Haut,
ich höre deine Stimme noch
mal zärtlich und mal laut.

Ich spüre deine Blicke noch
mal schelmisch und mal sanft,
ich höre deine Schritte noch,
wenn du gelaufen kamst.

Ich sehe deine Haare noch,
sie flattern hell im Wind,
du warst doch grade noch bei mir ... -
wo bist du nur, mein Kind?

Nach den ersten Tonbandeinspielungen

MEINE TELEFONGESPRÄCHE

Ich danke dem Schöpfer,
daß er mir den Weg weist.
Ich trauere noch sehr;
doch ich spüre, du bist hier.
Heute sagtest du:
"Mami, ich spiele Klavier!"

Träume ich alles -
oder ist es Wirklichkeit?
du bist mir nah und doch so weit.
Ich muß es erst lernen zu glauben,
nein zu wissen: *Du lebst!* -
und dort, wo du lebst, ist es wunderschön.
Ich fühle mich als Pionier;
wenn ich mit dem Jenseits telefonier'.
Noch habe ich dich
und neue Freunde dazu.

DAS ANDERE LAND

Meine Träume gehn in Sphären
weit von hier in ein Land,
das IHR beschrieben habt,
von dem wir hier nichts wissen,
nur ahnen, wie schön es dort ist.

In dieses Land ging ein Teil von mir,
und ich muß nachsehen,
wo er geblieben ist.

DU KENNST DAS LAND

Mein liebes Kind,
ich suche bei dir Trost;
du bist zwar
erst drei Jahre alt,
doch du weißt
mehr als wir
alle hier:
Du kennst das Land,
das JENSEITS heißt.

DER GEBROCHENE AST

Wenn eine Mutter ihr Kind überlebt,
ist es, als ob einem Baum
ein tragender Ast abbricht;
dennoch wird der Baum
auch im nächsten Jahr blühen,
doch er wird nie vergessen können,
daß einst an diesem Ast
eine Kinderschaukel hing
und fröhliches Lachen erklang.

LASST MICH WEINEN

Ich spüre das Salz der uferlosen Tränen
auf meinen splitternden Lippen;
es macht Durst,
Durst nach Leben -
darum laßt mich weinen!

WARUM ?

Kalte Nacht.
Ich wache auf und sehe
ein Paar schwarzer Stoffschuhe
mit weißen Punkten vor meinen Augen.
"Mami, die wünsch' ich mir!"
sagtest du, als es Sommer wurde.
Die Schuhe sind auf dem Dachboden
in einem Karton.
Du liegst im kühlen Grab,
und ich frage: *WARUM ?*
Es wird November ...

TRAUMLAND

Jeder Mutter, die ein Kind verloren hat,
wird vom Himmel ein Geschenk gegeben;
sie weiß nichts davon,
doch sie führt fortan ein Doppelleben.

Treu begleitet sie der Bruder Tod,
er nimmt sie jede Nacht an die Hand,
und führt sie fort - wohin? -
das Land ist nur dem Träumer bekannt.

Hier nun sorgt sie für ihr Kind,
und kehrt sie zurück, ist der Tag noch jung,
was ihr fehlt, sie nicht hat -
sind Zeichen und Gaben der Erinnerung.

Drum sag' ich's den trauernden Müttern,
die ohne Schlaf und Trost geblieben sind,
schon morgens müde, erschöpft:
"Haltet durch, Ihr ward bei eurem Kind!"

KLEINER DRACHE

Kleiner Drache,
der du in den Herbsthimmel hinaufsteigst,
dich von der Schnur losreißen möchtest,
um ins Unendliche zu fliegen .... .

Aber was sagen die Kinder,
wenn ihr Drache fort ist?

DU WARST
DU BIST

Du warst -
das kann ich nicht hinnehmen,
es hört sich nur an wie: verloren.

Du bist -
und wirst es immer sein,
in meinem Herzen, meinen Gedanken,
meinen Träumen und in meiner Erinnerung:

Du bist !

WEIHNACHTSZEIT

"Advent, Advent,
ein Lichtlein brennt" -
nicht am Kranze auf dem Tisch,
auf dem Grabe viel zu frisch.

Oh, du schöne Weihnachtszeit!
Die Gedanken wandern weit -
war es wirklich letztes Jahr,
als die Welt noch heile war?
Welcher Zauber in dem Flitter,
doch uns schmeckt der Stollen bitter.

Alle dem will ich entfliehn,
mit den Vögeln südwärts ziehn,
im Gepäck Vergessen ...

DAS ZIEL

Du warst nur Gast in meinem Leben,
gingst mit mir ein sehr kurzes Stück,
doch hast du mir soviel gegeben! -
Wie gern dreht' ich die Zeit zurück.

Du reistest aber eilig weiter
in jenes Land dort hinterm Wind,
vielleicht bist du mein Wegbereiter
zu unser aller Ziel, mein Kind.

ERINNERUNG

Ist vergessen wollen
nichts anderes
als die Erinnerung
zerstören? -
Dabei ist gerade sie
das Kostbarste,
was uns bleibt.

DIE WUNDE

Man sieht die Wunde nicht,
doch braucht sie Hilfe und Pflege,
und zwar gleich und jetzt!
Man sieht kein Blut fließen,
doch meine Seele ist verletzt.
Nach außen zeige ich mich stark,
doch habe ich das Gefühl,
ich liege selbst im Sarg.

NUR DREI TAGE

aber,
der Dienstag hat für mich nicht mehr
die Bedeutung wie früher;
da war's der Tag nach Montag
und der vor Mittwoch;
jetzt ist's der Tag, an dem
du von mir gingst.

Der Mittwoch hat für mich nicht mehr
die Bedeutung wie früher,
da war's der Tag nach Dienstag
und der vor Donnerstag;
jetzt ist's der Tag, an dem
ich dich das letzte Mal sehen durfte.

Der Freitag hat für mich nicht mehr
die Bedeutung wie früher,
da war's der Tag nach Donnerstag
und der vor Samstag.
Jetzt ist's der Tag, an dem
du begraben wurdest.

HAUSAUFGABE

Mama, als Hausaufgabe muß ich heute schreiben,
wieviele Geschwister ich hab';
also schreib' ich: einen Bruder
und eine Schwester, die liegt im Grab.
Nein, das kann ich nicht schreiben,
alle lachen mich doch aus!
Morgen geh' ich nicht zur Schule,
ich bleibe zu Haus'.
Mama, nein, das geht nich' .... . -
Bei der Frage nach Bruder und Schwester
mach' ich bei Schwester einen - Strich.

KLEINER VOGEL SEHNSUCHT

Kleiner Vogel Sehnsucht,
fliege weit davon,
mit den Tränen im Schnabel,
mit Liebe im Herzen,
mit der Erinnerung
und mit Hoffnung -
grüß mir mein Kind
im Land hinterm Wind!

DIE SEILBAHN

Nachdem ich
durchs Tal der Düsternis
gewandert bin,
fahre ich
mit der Seilbahn der Hoffnung
zum Gipfel hinauf,
um die Sonne des Trostes zu sehn.

- Doch wo fährt sie ab? -

MEINE TRÄNEN

Ich weine meine Tränen
in den Krug der Trauer;
mit ihm gehe ich zu deinem Grabe
und gieße die Blumen
der Erinnerungen ...

LAND DES LEBENS

Land des Lebens,
willst du mich nicht haben? -
Weist mich ab und läßt mich
in die Tiefen des Schmerzes fallen.

Land des Lebens,
nimm mich auf,
zieh mir den Dolch heraus,
der meine Seele zerschneidet.

Land des Lebens,
wie bist du schön
mit deinen Tälern des Trostes,
mit den Flüssen der Linderung,

drei Worte muß ich finden,
dann ist der Einlaß mir wieder gewährt:

ICH WILL LEBEN !

AN DEINEM VIERTEN GEBURTSTAG

Du wärest heute vier Jahre alt geworden.
An dieser Stelle im Asphalt brennen
keine Kerzen auf der Geburtstagstorte.
Ich stehe am Holzkreuz neben der Straße,
stumm vor Trauer und Ohnmacht
die Fäuste geballt.
In die Vase stelle ich Vergißmeinnicht
und Tränende Herzen -
und ich weiß, es wird ein Leben lang
stechen und schneiden.
Nur noch die kleine blonde Locke
mit der rosa Schleife ...